Fanny Mendelssohn
 Tekla Bądarzewska
 Dora Pejačević
 Ethel Smyth
 Agathe Backer-Grøndahl
 Clara Schumann
 Cécile Chaminade
 Elfrida Andrée
 Louise Farrenc
 Lili Boulanger
 Teresa Carreño
 Amy Cheney-Beach
 Maria Theresia von Paradis

13人の女性による
ピアノ小品集

内藤 晃／解説

カワイ出版

目　次

テクラ・バダジェフスカ　Tekla Bądarzewska（1834 ～ 1861 ポーランド）
乙女の祈り 5
The maiden's prayer

アガーテ・バッケル＝グロンダール　Agathe Backer - Grøndahl（1847 ～ 1907 ノルウェー）
アルバムリーフ 8
Albumblad op.35-2

ルイーズ・デュモン・ファランク　Louise Dumont Farrenc（1804 ～ 1875 フランス）
メロディ 変イ長調 11
Mélodie

マリア・テレジア・フォン・パラディス　Maria Theresia von Paradis（1759 ～ 1824 オーストリア）
シチリアーノ 14
Sicilienne

エセル・スマイス　Ethel Smyth（1854 ～ 1944 イギリス）
4つの舞曲より**第 1 曲** 16
4 Dances　No. 1

エルフリーダ・アンドレー　Elfrida Andrée（1841 ～ 1929 スウェーデン）
クリスマスの夢 18
Julstämning

テレサ・カレーニョ　Teresa Carreño（1853 ～ 1917 ベネズエラ→アメリカ）
小さなワルツ 20
Petite Valse

リリ・ブーランジェ　Lili Boulanger（1893 〜 1918 フランス）
明るい庭から 26
D'un jardin clair

エイミー・チェニー＝ビーチ　Amy Cheney - Beach（1867 〜 1944 アメリカ）
夕べのツグミ 30
A Hermit Thrush at Eve　op. 92-1

セシル・シャミナード　Cécile Chaminade（1867 〜 1944 フランス）
森の精 36
Les Sylvains　op. 60

ファニー・メンデルスゾーン　Fanny Mendelssohn（1805 〜 1847 ドイツ）
ピアノのための 4 つの歌より第 3 曲 42
4 Lieder für das Pianoforte　Nr. 3　op. 8-3

ドラ・ペヤチェヴィッチ　Dora Pejačević（1885 〜 1923 クロアチア）
花の一生よりばら 44
Blumenleben　Rose　op. 19

クララ・シューマン　Clara Schumann（1819 〜 1896 ドイツ）
即興曲 48
Impromptu

　　　　解説 53

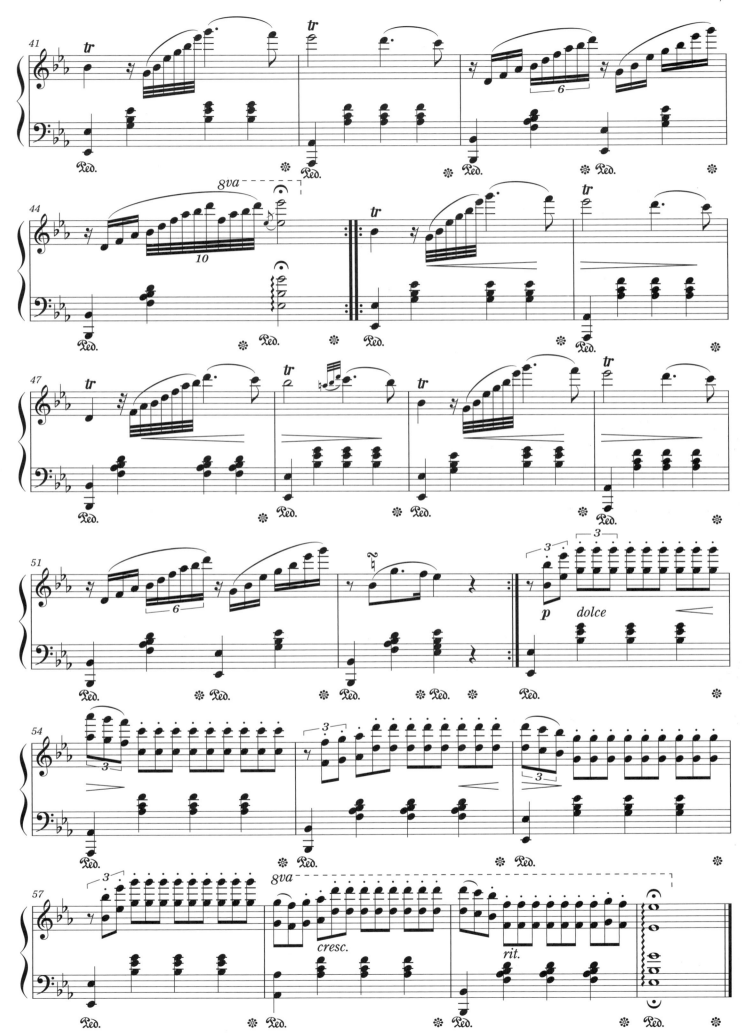

Albumblad
アルバムリーフ

アガーテ・バッケル＝グロンダール 作曲
Agathe Backer - Grøndahl（1847〜1907 ノルウェー）
op.35-2

Mélodie
メロディ 変イ長調

ルイーズ・デュモン・ファランク 作曲
Louise Dumont Farrenc（1804～1875 フランス）

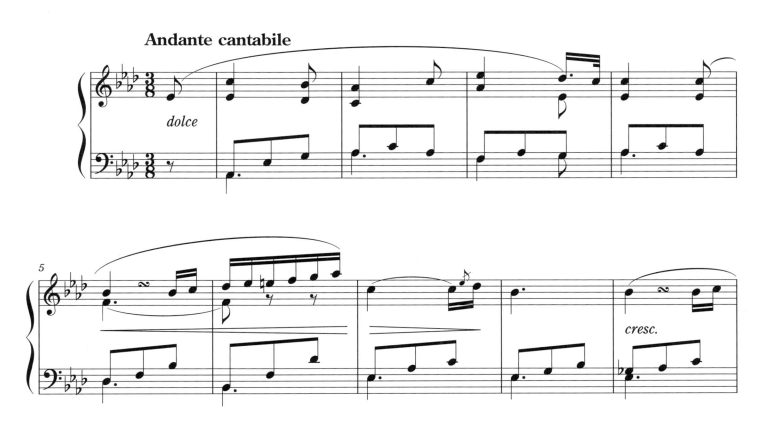

Sicilienne
シチリアーノ

マリア・テレジア・フォン・パラディス 作曲
Maria Theresia von Paradis（1759～1824 オーストリア）

4 Dances
No. 1
4つの舞曲より
第 1 曲

エセル・スマイス 作曲
Ethel Smyth（1854～1944 イギリス）

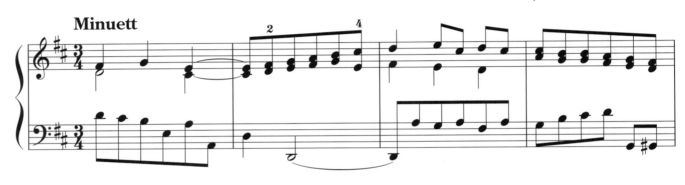

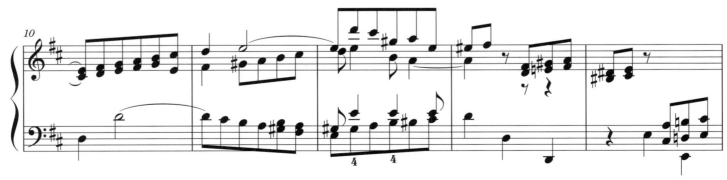

出典 Breitkopf & Härtel Wiesbaden EB 8169

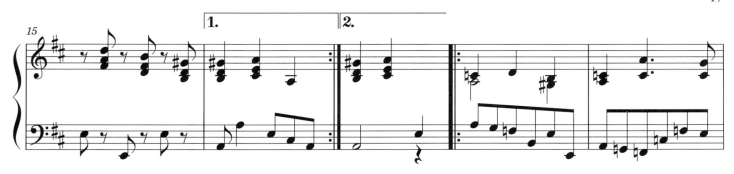

Julstämning
クリスマスの夢

エルフリーダ・アンドレー 作曲
Elfrida Andrée（1841〜1929 スウェーデン）

Petite Valse
小さなワルツ

テレサ・カレーニョ 作曲
Teresa Carreño（1853〜1917 ベネズエラ→アメリカ）

D'un jardin clair
明るい庭から

à Ninette Salles
ニネット・サルへ

リリ・ブーランジェ 作曲
Lili Boulanger（1893～1918 フランス）

*リコルディ版では 二分音符となっている。

*リコルディ版では、 タイが記されていない。

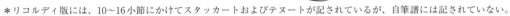

*リコルディ版には、10～16小節にかけてスタッカートおよびテヌートが記されているが、自筆譜には記されていない。

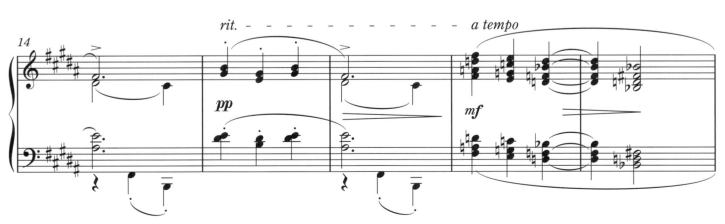

カワイ出版刊「リリ・ブーランジェ ピアノ曲集」（平野貴俊 校訂）より転用

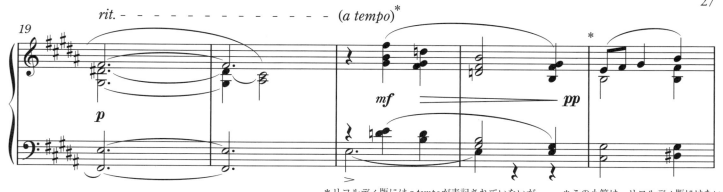

*リコルディ版には *a tempo* が表記されていないが、スケッチと自筆譜には表記されている。

*この小節は、リコルディ版にはないが、自筆譜には記されている。解説参照。

*リコルディ版には、27〜28小節にかけてスタッカートが記されているが、自筆譜には記されていない。

*リコルディ版には ♮ がない。

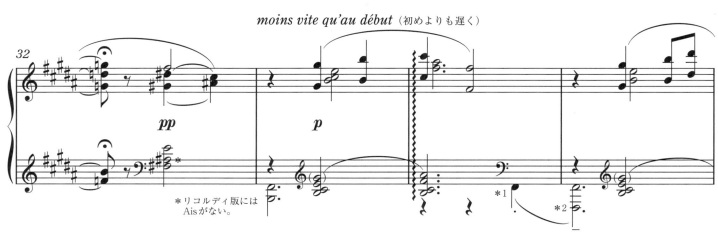

*リコルディ版には Ais がない。

*1 リコルディ版では、34小節3拍目のスタッカート、35小節1拍目のテヌートが記されているが、自筆譜には記されていない。
*2 リコルディ版では、33小節の左手パートの冒頭と同じく、H と Fis になっている。

28

*36〜39小節の右手の最下音は、リコルディ版では付点二分音符となっている。

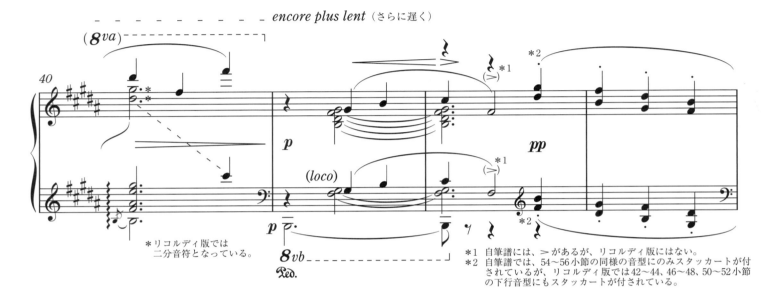

*リコルディ版では
二分音符となっている。

*1 自筆譜には、＞があるが、リコルディ版にはない。
*2 自筆譜では、54〜56小節の同様の音型にのみスタッカートが付されているが、リコルディ版では42〜44、46〜48、50〜52小節の下行音型にもスタッカートが付されている。

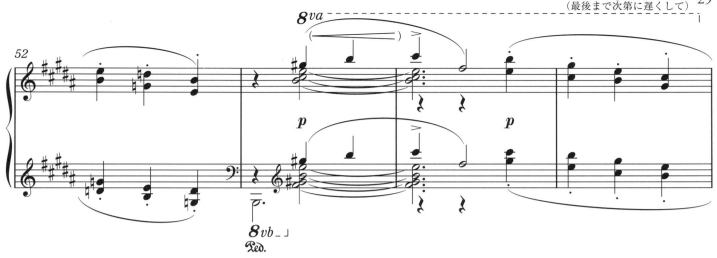
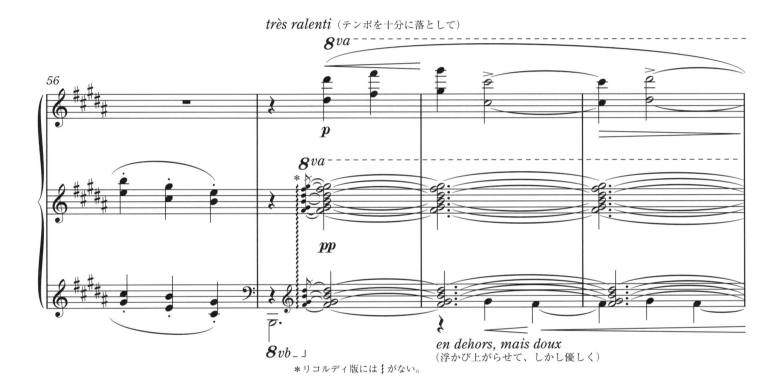
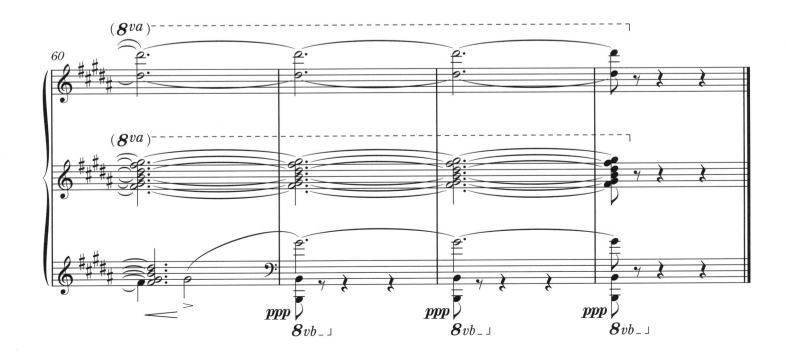

Les Sylvains
森の精

セシル・シャミナード 作曲
Cécile Chaminade (1867〜1944 フランス)
op.60

Blumenleben
Rose
花の一生より
ばら

ドラ・ペヤチェヴィッチ 作曲
Dora Pejačević（1885〜1923 クロアチア）
op.19

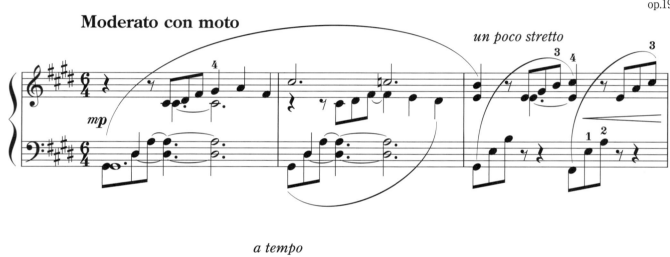

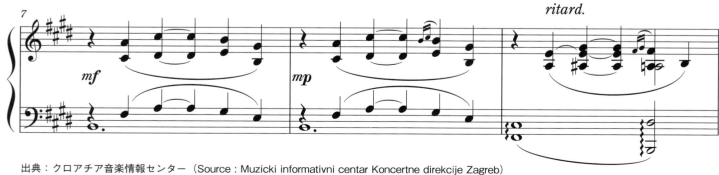

出典：クロアチア音楽情報センター（Source : Muzicki informativni centar Koncertne direkcije Zagreb）

Impromptu
即興曲

クララ・シューマン 作曲
Clara Schumann（1819～1896 ドイツ）

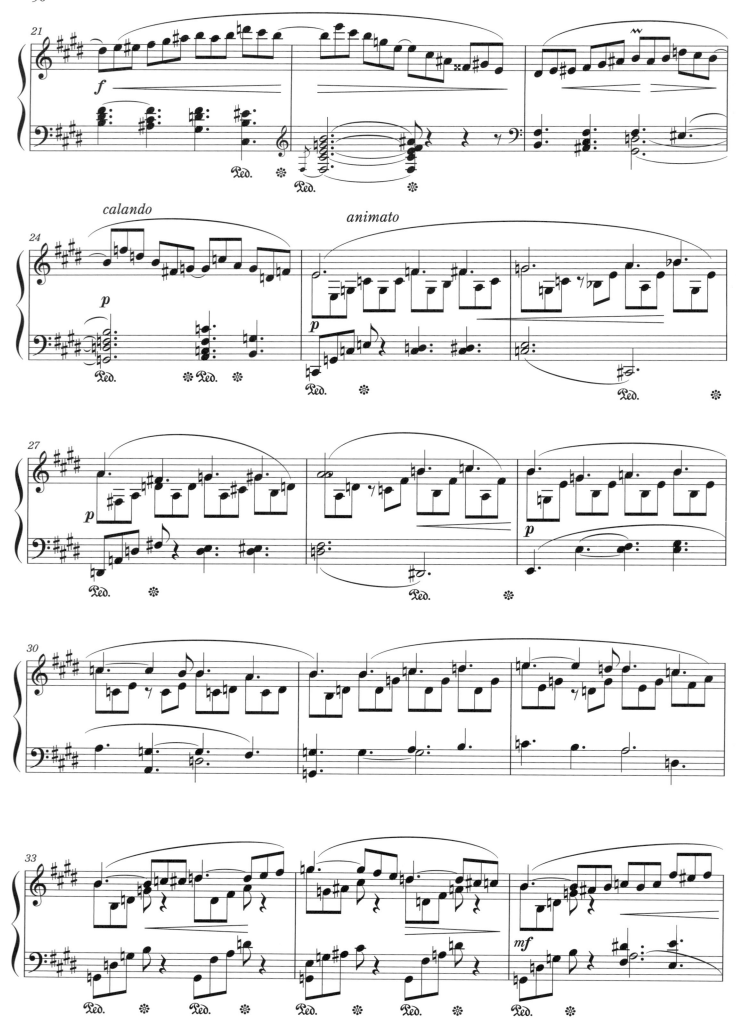

解説／内藤 晃

テクラ・バダジェフスカ（1834-61、ポーランド）は、ポーランドのピアニスト、作曲家。サロンで演奏活動をしていたが、音楽の専門教育は受けていない。1856 年にポーランドで出版したピアノ小品が、1859 年に「**乙女の祈り**」というタイトルでフランスの音楽雑誌 Revue et gazette musicale の付録として掲載され、一躍人気曲となり、各国で出版された。単純明快な変奏曲で、平易な割に演奏効果が高く、愛好家の定番レパートリーとなっている。

アガーテ・バッケル＝グロンダール（1847-1907、ノルウェー）はノルウェーのピアニスト、作曲家。ベルリンでテオドール・クラクに学んだのち、フィレンツェでハンス・フォン・ビューローに、ワイマールでフランツ・リストに師事し、ピアニストとして大いに周囲の賞賛を得たが、外国の音楽院からのオファーを断り、母国ノルウェーでマイペースに活動した。1875 年に合唱指揮者の O.A. グロンダールと結婚したのち、子育てのため 8 年ほど演奏活動を休止したが、この間も作曲は続けていた。郷土の自然を愛した彼女のピアノ小品や歌曲は、いずれも肩肘張らず優しく浸透してくる音楽で、本書に収録された「**アルバムリーフ**」Op.35-2 にもその暖かい魅力が息づいている。

ルイーズ・デュモン・ファランク（1804-1875、フランス）は、フランスの作曲家、ピアニスト、教育者。楽譜出版業を営むアリスティド・ファランクと結婚し、夫の出版社から積極的に作品を出版。初期ロマン派調の親しみやすい作風で、交響曲や室内楽曲を多く発表し、その特徴は**メロディ 変イ長調**にもよく表れている。1842 年から 1872 年まで、母校パリ音楽院で、女性初の教授として後進の指導に注力、娘ヴィクトリーヌ・ファランクもピアニストとなった。1861 年から夫とともに「ピアニストの宝」を編集し出版。鍵盤音楽の変遷を 16 世紀から集成した、資料的価値の高い出版物となった。

マリア・テレジア・フォン・パラディス（1759-1824、オーストリア）は、オーストリアのピアニスト、作曲家。宮廷書記官の娘として生まれ、女帝マリア・テレジアが名付け

親となり自らの名を与えた。4 歳で病気のため失明すると、マリア・テレジアの支援のもと、本格的に音楽を学び始め、一流の音楽家たちの指導のもと頭角を表す。ピアニストとして、ウィーンのさまざまなサロンやコンサートで演奏し、作曲家たちに新曲を委嘱、モーツァルトのピアノ協奏曲 変ロ長調 K.456 もそのうちの 1 曲と言われる。パリやロンドンでもツアーを行い、広く好評を得た。1808 年にはウィーンに音楽学校を設立。**シチリアーノ**は、サミュエル・ドゥシュキン（1891-1976）のヴァイオリン用編曲で日の目を見た彼女のピアノ小品（とされているもの）だが、原曲が定かでなく、発見者ドゥシュキンによる偽作という説もある。牧歌的で優しい気分に包まれた佳曲。

エセル・スマイス（1858-1944、イギリス）はイギリスの作曲家。ライプツィヒ留学から帰国後、6 曲のオペラやミサ曲など、女性作曲家のサロン風イメージとは一線を画した大規模作品を次々と手がけた。2 作目のオペラ「森」は、ニューヨークのメトロポリタン・オペラで初めて上演された女性作品となった。のちには女性参政権獲得運動に熱心に取り組んで投獄まで経験しており、音楽的にも政治的にも、闘う女性であった。彼女のピアノ曲は、そのほとんどがライプツィヒ時代に書かれており、簡素な美しさの際立つ**4 つの舞曲**は、ライプツィヒ音楽院時代のザロモン・ヤーダスゾーンの対位法クラスの課題として書かれた最初期の作品である。

エルフリーダ・アンドレー（1841-1929、スウェーデン）は、スウェーデンの作曲家、オルガニスト、指揮者。スウェーデンの王立音楽院のオルガン科を志願するも、女性の正規入学が認められておらず、聴講生のような形で在籍。その中で、教会オルガニストに男性のみを登用する仕組みを変えるべく議員に働きかけ、法改正まで漕ぎ着け、1861 年から長きにわたりイェーテボリ大聖堂のオルガニストを務めた（女性初の大聖堂正オルガニスト）。オーケストラの指揮も行い、交響曲や室内楽などの規模の大きい作品も書いている。「**クリスマスの夢**」は、平易な小品だが、静けさの中に敬虔な美しさを湛えている。

テレサ・カレーニョ（1853-1917、ベネズエラ〜アメリカ）は、ベネズエラ出身のアメリカのピアニスト、作曲家。政治家で優れたアマチュアピアニストだった父親の手ほどきでピアノを始めた。ベネズエラの政変のため 1862 年にアメリカに移住し、ゴットシャルクに師事。同年、9 歳でニューヨーク・デビューを飾り、2 年後にはリンカーン大統領に御前演奏を披露した。その後、渡欧しパリでアントン・ルビンシテインらに学び、ヨーロッパで演奏活動を展開。ピアノのみならず声楽家としても活動し、並行してピアノ曲の作曲にも取り組んだ。彼女のピアノ曲は詩的なタイトルを持つサロン用小品がほとんどで、小粋な主題が華やかに変奏されてゆく「**小さなワルツ**」（1898 年）も高い演奏効果を持つ。門下に作曲家のマグダウェルがいる。

リリ・ブーランジェ（1893-1918、フランス）はフランスの作曲家。祖父はチェリスト、祖母は歌手、父はオペラ作曲家という音楽一家に生まれ、教育者として名高いナディア・ブーランジェ（1887-1979）を姉に持つ。パリ音楽院に学び、1913 年、カンタータ「ファウストとエレーヌ」で女性初のローマ大賞受賞。36 票中 31 票という圧倒的得票での受賞で、審査員も絶賛、同曲の公開初演も鮮烈な話題を博し、一躍フランス音楽界の寵児となった。受賞特典で 2 年ローマに滞在し旺盛な作曲活動を行ったが、生来の病弱に加えクローン病を併発し、24 歳で急逝。リリの死後、姉ナディアは自身の作曲の筆を折り、その後積極的に亡き妹リリの作品の紹介につとめた。「**明るい庭から**」（1914 年）は、清澄で色彩豊かな和声にフランスのエスプリ漂う佳曲。

エイミー・チェニー＝ビーチ（1867-1944、アメリカ）は、アメリカの作曲家、ピアニスト。ピアニストの母親の手ほどきで 6 歳でピアノを始め、1883 年にボストンでデビュー。ボストン交響楽団との共演など華々しい活動を展開したが、1885 年に 24 歳年上の外科医ヘンリー・ビーチと結婚すると、母と夫の意向でほぼ作曲に専念し、1910 年に夫が亡くなると、渡欧して演奏活動を再開。ベルリンフィルが作品を取り上げた初の女性作曲家となった。第一次大戦勃発で 1914 年に帰国すると再び作曲にも注力。夏には、ニューハンプ

シャー州の自然豊かなマクダウェル・コロニー（芸術家村として開放されていた作曲家マクダウェルの別荘）に滞在し、多くの名曲を書いた。**夕べのツグミ Op.92-1**（1921 年）もその中の 1 つで、静謐な空気感のなかで、ツグミの高い鳴き声がこだまする、印象深い佳曲。他にも鳥の鳴き声を素材にした作品がいくつもあり、半音階を活かした後期ロマン派風の書法の中で、随所に調性を逸脱した印象派風の色彩が現れている。ジョン・ヴァンス・チェイニーの詩が引用されている。「聖なるかな！／静けさのなかに／ツグミの声を聴く／空じゅうが／祈りに包まれている」

セシル・シャミナード（1857-1944、フランス）は、フランスのピアニスト、作曲家。ブルジョワ家庭に生まれ、錚々たる顔ぶれを家庭教師として音楽を学び、頭角を表した。ベル・エポック時代（パリが繁栄をきわめた 19 世紀末〜 20 世紀初頭）のパリで大いに活躍し、サロン風の親しみやすいピアノ曲や歌曲は出版され流行した。ヴィクトリア女王の御前演奏（イギリス）や、ホワイトハウスでセオドア・ルーズベルト大統領の御前演奏（アメリカ）など、国際的にも活躍。出版と演奏で経済的に自立した最初の女性作曲家と言われ、キャッチーな旋律と華やかな演奏効果に彩られた「**森の精**」にも、ヒット曲メーカーとしての傑出したセンスが息づいている。

ファニー・メンデルスゾーン（1805-47、ドイツ）は、ドイツの作曲家、ピアニスト。フェリックス・メンデルスゾーン（1809-47）の姉。幼い頃から弟と共通の音楽教育を受け、才能を発揮したが、女性の立場が弱い時代だったため、時には自作曲を弟の名で出版、弟の作品のよき演奏者・助言者であり続けた。作風も弟と非常に似ている。1829 年に、宮廷画家のヴィルヘルム・ヘンゼルと結婚。無言歌（歌曲スタイルのピアノ曲）を最初に考案したのも、弟ではなくファニーだと言われ、本書に収録されたピアノのための **4 つの歌 Op.8 第 3 曲ラルゲット**（1846 年頃）も、こよなく美しい無言歌である。1847 年に脳卒中で急逝した。

ドラ・ペヤチェヴィッチ（1885-1923、クロアチア）は、クロアチアの作曲家。ブダペスト生まれ。貴族の家系に属し、クロアチア東部ナシツェのお城で育つ。母親から音楽の手ほどきを受け、のちにドイツに留学し作曲の研鑽を積んだ。ドイツで結婚後、1923年息子を出産したが、その1ヶ月後に腎不全で夭折（37歳）。ドイツロマン派の流れを汲む作風で、多くのピアノ曲、室内楽曲を作曲。交響曲やピアノ協奏曲は壮麗なオーケストレーションの施された大作になっている。「**花の一生**」（1904-5年）は、花の名前を冠した8つの小品からなり、本書には、華やかなアルペジオから一面に匂い立つような「**ばら**」を収録した。クロアチアでは国民的作曲家として今なお愛され続けている。

　クララ・シューマン（1819-1896、ドイツ）は、ドイツのピアニスト、作曲家で、ローベルト・シューマンの妻（1840-）。父は、ローベルトのピアノの師で、交際をめぐって激しく対立したフリードリヒ・ヴィーク。ピアノの天才少女として広くヨーロッパで演奏活動を展開したが、少女時代から作曲も手がけ、その主題をローベルトが自作曲で使ったりしながら絆を深めた。作風もよく似ており、2人が惹かれあったことがよく分かる。彼らは苦難を乗り越えて1840年に結婚。**即興曲 ホ長調**（1844年頃）は、女性的なたおやかさとピアニスティックな華やかさをあわせもつ作品で、半音階的なパッセージ・ワークはショパンを彷彿とさせるところもある。

参考資料
ニューグローヴ世界音楽大事典
小林緑編著『女性作曲家列伝』平凡社選書
ナクソスミュージックライブラリー　http://ml.naxos.jp
ウィメンズアクションネットワーク連載 石本裕子『陽の当たらなかった女性作曲家たち』
https://wan.or.jp/general/category/womencomposers
西井葉子ウェブサイトより『ドラ・ペヤチェヴィッチ』
http://www.amigo.ne.jp/~rn181023/pejacevic.html

内藤 晃（ないとう あきら）

ピアニスト・指揮者。東京外国語大学卒業。
レクチャー、演奏・文筆活動を通じて、音楽の奥深い楽しみ方を広く発信している。作曲家の一次資料を収集・研究しており、訳書 W. イェーガー編『師としてのリスト～弟子ゲレリヒが伝える素顔のマスタークラス』（音楽之友社）は、リストのレッスン風景を記録した貴重な書物の邦訳である。「名曲の向こう側」（月刊『音楽現代』）、「作曲家のレッスンを覗いてみたら…」（月刊『ムジカノーヴァ』）などの連載をもち、CD、楽譜などへの寄稿も数多く行っている。その自然な音楽づくりは共演者から厚い信頼を得ており、自身のCD（「言葉のない歌曲」など）のほか、春畑セロリ氏（作曲家）や故・吉川雅夫氏（マリンバ）らの多くのレコーディングに参加。リコーダー、鍵盤ハーモニカ、ピアノによる「おんがくしつトリオ」を主宰し全国的にアウトリーチ活動も行うほか、自身のレーベル sonorité を設立し、美意識を共有する音楽家たちをプロデュースしている。

出版情報&ショッピング **カワイ出版ONLINE** http://editionkawai.jp
携帯サイトはこちら▶

13人の女性によるピアノ小品集

発行日●2019年2月1日第1刷発行	作　曲●バダジェフスカ、クララ・シューマン他
2024年2月1日第6刷発行	解　説●内藤　晃
	発行所●カワイ出版（株式会社 全音楽譜出版社 カワイ出版部）
	〒161-0034　東京都新宿区上落合2-13-3
	電話 03(3227)6286　Fax.03(3227)6296　出版情報 http://editionkawai.jp
	楽譜浄書●(株)ストーンシステム StoneMusic 事業部
	印刷・製本●NHKビジネスクリエイト
表紙装幀●アドウィンズ	© 2019 by edition KAWAI, a division of Zen-On Music Co., Ltd.
ISBN978-4-7609-0653-6	本書よりの転載はお断りします。乱丁・落丁本はお取り替え致します。本書のデザインや仕様は予告なく変更される場合がございます。